SILÊNCIO.DOC

Marcelo Varzea

SILÊNCIO.DOC

Cobogó

SUMÁRIO

Nota do autor 7

A desafiadora voz do silêncio, por Alcides Nogueira 13

SILÊNCIO.DOC 21

Carta do diretor, por Marcio Macena 55

Nota do autor

Confesso: o texto deste livro surgiu de uma experiência real.

Após uma separação bastante traumática — que me consumiu muito além do que eu poderia supor, quando fui capaz de perder o rumo, a perder, me perder — tive a felicidade de namorar, brevemente, uma dramaturga. No fim desse romance de verão, completamente turbulento, "um cochilo de Deus" (no sentido romântico), muito assombrado pela figura da ex-mulher, com quem fui casado por dez anos e é mãe da minha filha, a escritora disparou: "Senta e escreve essa história! Tira esse bando de hipóteses da sua cabeça, se dê paz! Pare de flertar com as palavras, assuma-as!" Essas aspas são indevidas, a sentença não foi exatamente essa. Mas o que é verdade, não é verdade? Foi assim que eu senti ou entendi. Juro que ela disse: "Senta à frente do computador, escreve uma palavra e espera que o resto vem!"

Era dia 8 de maio de 2007, aniversário da minha filha. Estava devastado, separado havia um ano e pouco. Uma festa rolava na casa da mãe dela e não fui convidado porque resolvemos fazer festas separadas. Que ridículo! Todos os meus amigos lá, minha filha... me faltou o ar, o chão, o norte. Eu morava num sobrado, fazia frio, meus pais tinham vindo para o aniversário da neta que aconteceria na nossa seara no dia seguinte. Eles estavam dormindo, os cachorros se aninhavam no quintal, eu fumava, muito, desci as escadas, agarrado ao meu celular ainda não *smart* (ele analógico e eu esperançoso do arrependimento alheio), munido de Marlboro vermelho e isqueiro. Parei no térreo e servi uma generosa dose de uísque. Abri a porta da cozinha, os cães não vieram correndo pegar biscoito, me encaminhei até a edícula onde ficava meu escritório, internet discada, abri o PC, o Windows, página em branco, respirei, respirei, respirei e digitei: "Silêncio".

Acendi um cigarro, dei um golão e... disparei a escrever. Um jorro, um vômito, um surto, um fluxo. As palavras foram se encadeando, muitas aliterações, sabores, cores e sem nenhuma crítica tentei escrever o que me consumia. Assim, de chofre, numa empreitada, discorri por todas as conjecturas que me alimentavam e destruíam.

A cada ideia esgotada, um cigarro novo era acendido para ser consumido pelo cinzeiro, pois eu só dava o primeiro trago e disparava meus dedos pelo teclado num novo movimento. Escrevi durante uma hora e quarenta o texto que vocês leem aqui neste livro, só agora corrigido para ser editado. Não havia nem rubricas. Mostrei a pouquíssimas pessoas.

Um ano e oito meses depois de tê-lo escrito, num último ímpeto de cura, fechando a tampa dessa dor, escrevi as últimas páginas, que começam em: "Cá estou eu, novamente, sentado à frente desta tela de computador..."

Na primeira fase da escrita, fui tateando palavras, pensamentos... Um pouco na tentativa de desabafar, outro tanto na intenção de enviar uma carta de amor. De amor? De amor. No meio da escrita comecei a perceber que explanava a minha dor para um leitor. Uma novela de rádio? Um melodrama? Uma plateia imaginária? Me sentia tal qual uma rubrica rodriguiana, palpiteiro de mim mesmo. Alternei dar-me voz na primeira pessoa do singular, do plural, na terceira pessoa. Coloquei-a na segunda pessoa, terceira, singular, plural... Era tudo isso mesmo. A sociedade do espetáculo.

Percebi meu interesse em contar a um (?) interlocutor a minha trama de fios perdidos, nós e amarrações. Sou, antes de qualquer coisa, um ator. Vivo do drama. Passeio por estilos, amo as palavras, deslizo nas tramas, me apaixono pelas pausas e me encanto em decifrar cada silêncio. Isso!

Quando fechei o arquivo, no "ato um" da minha escrita, ele salvou automaticamente como "Silêncio.doc". Dez anos depois de terminar o "ato dois", resolvi — por sugestão do Marcio Macena — montar o texto, e quis preservar o nome. O meu silêncio, o dela, um doc de Word, um documento, o documentário de uma época. Por dez anos não o tinha relido.

Casei-me de novo e perdi o interesse por esse "cara abandonado", que foi morrendo dentro de mim. Quando surgiu a oportunidade de mostrar o texto no Festival Satyrianas, em 2017, em São Paulo, sugeri ao Macena que fizesse a leitura com outro ator. Não queria mexer nisso. Indiquei Gustavo Vaz, Rafael Maia ou Sergio Mastropasqua. Três excelentes atores que dariam conta do recado, meus amigos e do Macena também. Mas tínhamos apenas três dias e pouca carga horária disponível em cada um deles. Macena insistiu que eu fizesse. Respirei. Achei o texto largado numa gaveta, peguei um café, numa tarde, já um ex-fumante, sentei-me no sofá da sala para encarar em voz alta aquele desafio.

Que surpresa! Tinha virado história, texto... um personagem — que eu seria bem escalado para fazer. Me peguei descobrindo tempo de comédia, pausas, inflexões... estava, de fato, encarando-o como um ator que desbrava um novo texto. Nada doeu em mim. Nenhuma dor. Nada! Que alegria! Que personagem rico!

Liguei para minha Vavá, contei que tinha surgido essa possibilidade e perguntei se a incomodava. Ela, sábia, respondeu: "Sei lá, nunca passei por isso! Mas tudo que eu não quero fazer é o papel da mulher que diz não, que te impede de avançar. Vá! Se doer a gente resolve". (Na leitura, ela operou som e luz e, no final, me disse que estava orgulhosa de ser casada com "um cara desses". Acabou virando produtora do espetáculo, como vocês podem conferir na ficha técnica.)

Depois, liguei para a ex e disse que faria essa leitura, que ela ficasse tranquila que eu estava me expondo e deixando-a no papel de musa. A leitura foi catártica, um sucesso! Vários amigos na plateia incentivaram, empolgados, a fazermos uma montagem e entrarmos em cartaz. Fiquei feliz, mas achei que uma história pessoal tinha ido longe demais. Até que a Paula Cohen, artista de primeira linha, feminista, realizadora, me chamou num canto e disse: "Chuchu, você tem que montar isso! É politicamente importante, no momento que a gente está, ouvir um homem falar de amor e respeitar, mesmo que com muita dor, a escolha da mulher." Bingo! Esse mote fez sentido! Isso me tirava do meu umbigo e me fazia conversar com o mundo.

A montagem só foi possível graças a 252 pessoas que participaram de um financiamento coletivo (que ultrapassou a meta proposta) e a todos os artistas criadores que trabalharam em parceria. Logo na estreia, convidamos psicanalistas, psiquiatras, filósofos, poetas, ativistas, autores para um bate-papo com a plateia após cada sessão. Confesso que achei que seria um fiasco. Grata surpresa. Tive grandes parceiros nessa empreitada e adesão de 90% da plateia. Nomes como Alcides Nogueira, Roberta Kovac, Leandro Karnal, Eduardo Carmello, Zélia Duncan, Marcelino Freire, Gabriel Chalita, Astrid Fontenelle, Mariana Laham, Rafael Primot, Juliana Araripe, Leopoldo Pacheco, Fefito, Marcelo Tas e tantos outros...

Essa experiência fez nascer um dramaturgo, com outros textos escritos em 2018, transformou a dor em obra de arte, abriu espaço para pensarmos o possível "masculino romântico", uniu criadores incríveis, algumas temporadas, viagens e agora o livro, pela Editora Cobogó.

Para mim, só falta a árvore!

Marcelo Varzea

A desafiadora voz do silêncio

Fui assistir à belíssima apresentação de *Silêncio.doc*, com texto e atuação de Marcelo Varzea e a cirúrgica e inspirada direção de Marcio Macena. Após o espetáculo, o autor me convidou para promover um pequeno debate com a plateia. Foi quando percebi que não era só eu que tinha sido tocado profundamente pela peça, mas todo o público.

Se o espetáculo provocou em mim desassossegos e inquietações, trouxe também a alegria de conhecer o primeiro texto teatral de Marcelo Varzea. Há entre nós uma estreita e carinhosa afinidade dramatúrgica.

Conheci Varzea na virada de 1999/2000, quando Gilberto Braga e eu íamos estrear a novela *Força de um desejo*. Marcelo fazia Ubaldo, um jovem jornalista da província, ético e inteligente. Logo percebi que Marcelo, além do talento, tinha olhos argutos. Não se debruçava somente sobre sua personagem, mas sobre a trama como um todo. Em telenovela, isso não é muito comum. Fiquei fascinado!

Trabalhamos juntos mais duas vezes, nas minisséries históricas que Maria Adelaide Amaral e eu escrevemos em parceria: *Um só coração*, onde ele criou um Guilherme de

Almeida iluminado, e em *JK*, quando viveu com brilhantismo Gabriel Passos, cunhado e adversário político de Juscelino.

No teatro, Varzea atuou em meu texto *A cabeça*, dirigido por Marcia Abujamra, que considero um dos momentos emblemáticos da minha dramaturgia. Varzea fazia a Personagem. Foi em seu projeto *Segundas intenções* que, em abril de 2005, Leopoldo Pacheco fez a primeira leitura pública do monólogo que escrevi para ele, *A javanesa*, que seria montado dois anos depois, com direção de Marcio Aurelio. Essa leitura estreitou ainda mais a minha relação com Varzea. Conversávamos muito, trocávamos muitos e-mails... Varzea se mostrava cada vez mais interessado pela escrita teatral... Ele percebia todas as nuances e os matizes de *A javanesa*. Hoje percebo que, naqueles tempos, já estavam nascendo o diretor e autor Marcelo Varzea.

Escrevi este início do Prefácio para dizer que, quando subi ao palco para promover o tal debate depois de *Silêncio.doc*, toda essa trajetória me voltou à cabeça. Ali estava Varzea representando um texto seu, poderoso, direto, cheio de segundas, terceiras, quartas intenções. Um monólogo que ele não deixava em momento algum que se desarticulasse. Uma inteligentíssima troca de sensações e descobertas com o espectador. Marcelo Varzea esperou mais de dez anos para colocar seu texto em cena. Talvez essa decantação tenha sido saudável. Porque o que assisti me fisgou.

Silêncio.doc parte de um *plot* bem conhecido: a separação, o fim de uma relação amorosa. Mas a maneira como Varzea enfrenta essa situação, quase sempre dolorosa, além de muito criativa, é impactante. O Homem, o "desistido" (esse termo irônico é de Varzea), se dilacera, sem entender a razão que levou a Mulher a abandoná-lo. Vai construindo hipóteses, tecendo um discurso cheio de raiva, vitimização, ódio, ironia, dores e flagelos, falsas esperanças... Elabora um documento, um dossiê de seu sofrimento, de todas as situações que é obrigado a enfrentar para não submergir de vez à dor. E inventa situações, como se elas pudessem dar alguma sobrevida à relação, como se pudessem clarear, ainda que tenuamente, as sombras que o rodeiam.

Como Varzea rompe a quarta parede, esse Homem busca a cumplicidade da plateia. Precisa ser compreendido, ser acolhido, precisa que suas feridas sejam tratadas. Alguém tem de cuidar dele, para que entenda o que aconteceu, para que consiga atravessar o Rubicão afetivo.

O discurso é duro! Em tempos do justo empoderamento das mulheres, do #MeToo, das denúncias contra o abuso, esse discurso pode parecer, muitas vezes, sexista, misógino, agressivo. Só na aparência, porque, no fundo, é um discurso em que tudo é usado para uma desesperada defesa. Desesperada e inócua, pois a força é da Mulher! O jorro de palavras é sarcástico e humorado. Sim, há humor... Muito humor! E refinado. Em meio aos uivos e prantos, o Homem solta frases engraçadíssimas, leva a plateia à risada, como se ele precisasse de um certo alívio. E precisa mesmo! Como também a plateia, para que não seja totalmente massacrada pelas frases ríspidas, pelas aliterações (muitas vezes alucinadas, e que eu adoro!!!), pelos golpes (alguns baixos) que o Homem dispara. E o riso flui solto e verdadeiro!

A cumplicidade pedida não enxerga limites. Vai de uma quase *stand-up comedy* à cantoria. Sem falsos pudores. Em seu texto, Varzea carnavaliza a dor. O Homem usa máscaras e fantasias nessa busca alucinada pelo que ele "acha" que é a verdade. Uma verdade construída por ele para conseguir entender a razão de ter sido "desistido"! Por que a Mulher foi embora? Por que a Mulher não quis saber mais dele? Por que ela traiu os propósitos de ambos (segundo o Homem) de uma convivência na qual os dois seriam felizes?

Gostaria imensamente de citar cenas e momentos, para ilustrar os movimentos dessa metralhadora furiosa. Mas estaria criando *spoilers*! E sou contra isso. Totalmente contra! No entanto, não posso deixar de apontar que, em determinado momento, por mais que o Homem tente colar a máscara ao rosto, ela cai. E o silêncio mostra que há uma voz! Uma voz desafiadora, horrenda, em que sons se mesclam e pouco se entende. Por isso, o incômodo se torna ainda maior. São urros, miados, chiados, soluços, risos forçados, gargalhadas abertas, perguntas, perguntas, perguntas, perguntas... Como se o Homem quisesse saber qual é a resposta. Como o ruído é grande (e não há mais o silêncio), ele rebate: então, qual a pergunta?

Esse jogo de pérguntas e respostas é frenético. Com direito a pegadinhas e surpresas. E cabe ao público descobrir de quem é a verdadeira voz. Do Homem? Da Mulher? O que é esse silêncio? Ou o que vale é o avesso dele, esse ruído incessante, esse arrastar de correntes, essa música desajeitada que permeia as vogais? O Homem brinca, brinca muito, em cena. Mas a brincadeira é perigosa! Ele acaba ferindo muito mais a si mesmo do que machucando qualquer outra pessoa, principalmente a Mulher que o deixou!

A atriz e escritora Paula Cohen, depois de assistir ao espetáculo, apontou que era um olhar dissecando a dor de um Homem romântico. Colocação perfeita! Porque esse Homem, apesar de rugir feito um leão, é um romântico, sim! Apela para a nostalgia como se os belos momentos passados entre ele e a Mulher servissem de analgésico, ou pudessem parar o movimento desse sentimento viscoso que toma conta dele. Um sentimento tentacular, como metástase!

Por que ler *Silêncio.doc*? Porque é uma peça vigorosa, com esmerada carpintaria teatral, com um texto inspirado onde se alternam dor e humor. TEXTO. Assim, em maiúsculas, de verdade! Por que encenar *Silêncio.doc*? Porque, para o ator, é um exercício instigante. O ator que decidir viver o Homem pode dilatar sua musculatura, pode encolher-se, pode recriar, de maneira diversa da de Varzea, os delírios e as ondas nostálgicas. Pode tomar conta de todo o palco e jogar-se para a plateia. E, para o diretor, porque esse mundo falsamente silencioso possui uma tapeçaria em que cada nó é um impulso para a criação.

Mais: separações continuarão acontecendo, Homens e Mulheres, "desistidos" e "desistidas", procurarão entender o que houve, o que não houve, farão perguntas, buscarão respostas, montarão seus documentos sobre a dor... Até a voz desafiadora do silêncio se fazer ouvir. Poderosa e avassaladora! E cada um, cada uma, irá buscar sua maneira de sobreviver.

Um relato é sempre íntimo e pessoal. Mas pode ser compartilhado. *Silêncio.doc* se presta muito bem a isso, já que permite infinitas leituras, montagens e interpretações.

Quando a cena brasileira aposta mais no imagético e no sensorial, aparece uma peça onde a linguagem é o canal. É muito bom OUVIR o ator. Sentir cada palavra que é proferida, mesmo que sejam pedras atiradas com violência. Ou sussurros românticos. A retomada da palavra é estimulante! E não desabona nada e ninguém.

Não é *spoiler*: "Quem nunca tomou um pé na bunda?" A reação da plateia é magnífica! Deixo para que você, leitor/leitora, entenda mais essa pergunta. E a responda como quiser. Para si, sozinho... Para todo mundo ouvir... Fazendo discurso... Cantando... Ou não responda. Você pode, sem dúvida alguma, optar pelo silêncio. Mas talvez aí aconteça o mesmo que houve com o "desistido" tão romântico. Não é possível prever TODAS as coisas, e, muito menos, adivinhar as consequências. Se assim fosse, a vida seria um tédio.

Deixe que as emoções tomem conta de sua cabeça e de seu corpo. Jogue-se. Sem rede de proteção. Como o Homem. Talvez seja uma saída. Ou talvez nem haja saída. O que conta, sempre, é você conferir. Sem medo. Que venham muitos outros textos, Marcelo Varzea! A dramaturgia brasileira agradece.

Alcides Nogueira
São Paulo, agosto de 2018

SILÊNCIO.DOC

de **Marcelo Varzea**

Silêncio.doc estreou em 20 de fevereiro de 2018 no auditório do Museu Brasileiro de Escultura e Ecologia (MuBE), em São Paulo.

Texto e atuação
Marcelo Varzea

Direção
Marcio Macena

Assistência de direção
Tadeu Freitas

Cenário
André Cortez

Figurino
Leopoldo Pacheco

Iluminação
Cesar Pivetti e Vania Jaconis

Direção de movimento
Erica Rodrigues

Trilha sonora
Márcio Guimarães

Designer gráfico
Paredes Design

Fotos
Wilian Aguiar e Naava Bassi

Produção
1ª temporada: Claudia Odorissio e Luiz Ricci
2ª temporada: Ricco Antony e Valeska Zamboni
3ª temporada: Francine Storino e Valeska Zamboni

Curadoria dos debates
Julia Moura e Marcelo Varzea

Estratégia de divulgação
Angelina Colicchio

Assessoria de imprensa
Pombo Correio

Realização
MAVA Produções Artísticas

Um homem está sozinho em casa. No cenário, vemos uma mesa com muitos papéis espalhados, um notebook aberto em uma página em branco, um copo de uísque cowboy, um aquário com a bomba de ar ligada. Dentro dele, uma boneca Barbie loura e pelada, mergulhada de ponta-cabeça. Uma música com sons abstratos que remetem a uma engrenagem toca. Muitos papéis espalhados pelo chão. O público entra nesse ambiente e observa a rotina do personagem solitário, até o momento em que ele apoia-se sobre a mesa encarando o computador. A música cessa. O homem respira profundamente vidrado na tela. Toma coragem e senta-se. Escreve uma palavra.

Silêncio...

Pausa.

Eu agora estou em silêncio.
Tudo o que eu deveria ter feito por uma existência inteira.
Cada vez que abro a boca me comprometo. Me meto.
Sou forte, contundente, profundo, pesado. VOU.
Pro fundo.
Sou um verbo que está engatado no mesmo lugar há um ano.
Murcho.
Sem marcha, sem adiante.

Claro que não exatamente no mesmo lugar.
E nem exatamente nas mesmas questões.
Mas no mesmo tema: com uma sorte ainda maior de
vertentes, opções e entendimentos — desentendidos
e perdidos, por toda parte — procurando a ponta do fio,
do fio, do fio que perdeu a meada.
Do fio que se perdeu, que não dá mais contato.

A visão do mundo externo identifica de imediato essa
invalidez física, eletrônica.
O mundo interno é... SOCORRO!
Cinco milhões de cognições e sinapses, que/
nem sei direito se essa palavra caberia aqui...
Cinco milhões de palavras por segundo, que se somam
a outras minhas, dos outros... o outro, o outro, o ou-
tro... eu. Reverberando. Verbo. Eu verbo. Qual? Perdi...
Perder.
A perda.
A perda do outro, que vira a perda do eu, que tenta se
reconhecer nos outros mesmo sabendo que não sou
eu... e que dá medo... pois não há saída...
E se tudo for uma questão de referência?
Então, tenho que usar exemplos como exemplos.
Comparar. Aos outros. Às histórias dos outros.

O ator quebra a quarta parede.

Não é pra isso que estudávamos História?
O professor não dizia que tínhamos que saber tudo que
foi feito no passado pra consertarmos os rumos e não
repetirmos erros?
Pra que nossa história fosse melhor — e portanto mais
feliz — que a deles. Dos outros.
A nossa em relação à dos outros.

A nossa.

Que não tem mais nós.

Quer dizer... existe um nós partido.

Um nó.

O tal do fio. Existia.

Enfrentar esse monstro do silêncio é difícil, mas talvez seja a única saída.

Eu e eu (!)... cheio de sons, de gemidos, de gritos, de pranto, de eco, de vozes, exclamações, muitas reticências... e um quartel-general de interrogações sem respostas (que não cabem mais e não deveriam mais ser feitas). Per... feitas!

A partir deste ponto, a direção escolhe a alternância do contato com a plateia.

Há (sim, com agá, porque esse é o estado do meu ser atual, o meu SER, ou o que restou dele) muitas coincidências a todo instante.

Acabo de viver — e ainda estou vivendo — intensamente, dentro de mim... intensa mente... uma história, portanto real, com h... e parece mentira: um sujeito amado. Disse que uma querida e amada é MENTIROSA... repetidamente. Mente. Ele e diz que ela.

Uma semana atrás disse eu a uma amada... ou à "amada minha" que ela era, é, está sendo... MENTIROSA.

Fiquei perplexo com o espelho, a repetição, os vínculos entre as histórias.

Pai, mãe. Marido e mulher. Ex-mulher. Filho e pai.

A violência dos fatos, o ódio, a lágrima que não caiu, presa... enredada. Enredo.

História.
Tema desenvolvido.
Tema parado.
Estagnado.
Nó.
Nós.
Fios soltos.
Amarras.
Uma enorme vontade de gritar, de xingar, de morder...
Um calor, um arrependimento, uma necessidade de
colo... Deixar frágil pra poder acariciar, sabe?
Não suportar mais ser o frágil.

O cedente... o flexível...
Assim tornado por tanta inflexibilidade. Assim tornado,
tamanho furacão.
O cão.

Inveja de vê-la bem.
Qualquer lagriminha me interessa... nem que seja só pra
eu pensar sozinho: "Viu"?
Pequeno, né?
Claro que estou aqui falando de amor. Ou da impossi-
bilidade de.
Do ódio e das frestas.
Quem ama de verdade, quem pensa de verdade e é
inteligente, trabalha o tempo inteiro com a mente, que
mente pra gente, contando versões de histórias que não
existem, mas são absolutamente possíveis tamanha ri-
queza de dados. Fatos. Fotos.
Fotos.
Fo-tos.
Sim, portanto verdades.
Será?

Quem de nós dois não consegue amar?
Eu, com a minha enorme capacidade de perdão e transformação... e não saio do lugar... da mesma questão...?
Ou ela, que não se dá conta de que não está contando nenhuma história a não ser se referenciando sucessivamente à negação da nossa história, pra contar a dela?
Quem ama?
Há amor?
Doença.
De amor?
Poder e phoder.
Fé?
Até onde devo acreditar que, se tivemos um paraíso dado por Deus e desatento(s) o perdemos, quem de nós se soltou da cobra e da maçã (no caso acho que eu, né?) consegue em oração, jejum, martírio e fé retornar ao sagrado?
Junto?
Há como salvar alma em conjunto? Sagrado não seria deixar ir? Culpa.
Culpa?
Rever a história e corrigir. Penso. Tento.

A história:
Sujeito, predicado, verbo, cenário, coadjuvantes, coletivos, figurantes, figurinos... tudo aí... pronto.
Até o conflito existe, pra narrativa, ou a ação dramática, poder acontecer...
E nada.
Não tem jogo. Acabou.
Fim de partida. Partida.
Partir.
Ok.
O que faço agora com todos esses elementos que citei linhas acima?
Ou pra você que esteja me ouvindo/vendo/lendo a cinco

curtas respiradas?

Pego tudo e jogo fora?

Impossível... tem figurantes incríveis, que não quero perder.

Vilões aos borbotões! Todos eles, talvez, criados pra poder preservar a minha Amada, a minha musa intocável... pra que essa filha da puta não se quebre e, se eu conseguir me consertar, possa a mim, a nós, ser concedido um milagre, que nos faça retornar ao paraíso, e eu possa mantê-la lá, impune.

Sem erro.

Linda.

Mãe.

E loira.

Sem erro, sem maquiagem.

Ilusão.

Mentira.

Isso não existe mais.

Ou talvez nunca tenha existido.

Talvez tenha sido inventado.

Por mim.

Dentro de um ideal que se encaixa... em um... ideal.

Ideia.

Mente.

Quem, eu?

Ela é a vilã? NÃO!

Não suportaria...

Não admito que pensem assim! Porque era tão bom.

Adão e Eva só foram expulsos do paraíso quando perderam a inocência. Caralho! Como foi que eu pensei nisso agora?

Por isso a minha Eva virou uma puta, uma ardilosa...

Por isso mente! Ela perdeu a inocência!

Lindo viés pra deixá-la lá/aqui musa eterna.

Parada.

Se mexeu, fodeu.

Fora de mim.
Literalmente.

E agora vive por aí fingindo estar feliz porque saiu do sonho, do paraíso, do ideal, porque transgrediu.
Porque passou a ser agente da própria vida. A ser gente.
Mas não é plena porque tem sim, tem sim, tem sim... em cada célula dela a memória e o gosto do paraíso.
Incomparável.
Mentiroso? Eu?
NÃO!
As duas verdades são verdadeiras.
A ilusão do antes-coletivo e a ilusão do agora-individual, mas com duas partes.
Sem intercessão.
Sem?
E o fruto do nosso amor?
Nossa filha.................................
Nossa filha foi feita para......
Nossa filha foi feita....
PAra!
Paraaa...
PARA...

que ela completasse a tríade perfeita.
E quando feito perfeita — ela e a tríade — alguém teve que subverter a ordem. Instaurar o caos.
Mas ela continua lá.
A eterna aliança.
A mais bela aliança que alguém já deu pra alguém.
Aquela joia que, com ela, quero mostrar à mãe e pedi-la em casamento repetidamente... de tão lindo o nosso amor... de tão linda a nossa construção. Nossa obra, de arte.
Feita com arte.

Sapeca arte.

Mas não.

Ela NÃO QUER!

E eu continuo vendo um fiapo, uma fresta por onde possa capturar, resgatar, puxar, trazer de volta aquele amor.

Aquela paixão... aquela vontade que era só de mim.

Tenho certeza que sim.

Tenho certeza que não.

E passo horas, dias, semanas, meses, ano... e pouco... espero que não chegue a dois.

Dois anos.

À dois, craseado, me interessa? Sim.

Nunca pensei que uma crase pudesse me levar ao êxtase.

Estão vendo? Ouvindo, lendo?

Uma crase (!) me leva a um suspiro que me faz lembrar daquela loja, daquela roupa que ganhei, de uma festa e de um sexo bom num ônibus interestadual. Essa mulher é capaz de fazer com que uma mísera crase me provoque tamanha comoção.

Ereção.

VAI SE FODER!

Comigo...

Não tinha crase nesse "a". Não tinha.

Erro de português.

Erro meu.

Erro.

Eu erro.

Erro.

Erro.

Erro.

Erro na ansiedade de um sinal.

Continuo em silêncio.

Por mais que você possa pensar que não.

Ah! Eu estou em silêncio, sim!
Em paz.

Li a frase "a tortura da mudez".
Impressionante quanto o silêncio do objeto amado pode prender — prender mesmo no sentido de deixar presa — a nossa atenção por horas, dias, anos.
E se a pessoa for regularmente misteriosa, discreta... daí então...

E se você tiver ainda aptidões para *voyeur*, ou investigador policial, ou detetive particular (fundamental em casos de amor com traição): fodeu! Vai ter que decifrar.
Decifrar.
Interessante... Tirar das cifras, de códigos que levam às sentenças.
De morte.
Se parássemos o período em cifras, poderíamos desaguar no território musical. O que imediatamente nos traria uma arca, um navio, um motel com águas termais de temas musicais.
Qualquer um que esteja me lendo/vendo/ouvindo agora pode em um estalar de dedos cantarolar uma música de dor de cotovelo.
Quer ver?

O ator se dirige à plateia e promove uma interação, pedindo que, no intuito de alcançar a catarse e expurgar separações tão ridiculamente sofridas por todos, cantem refrões de músicas de desamor.

Fossa. Música de fossa!
Fossa: o cara está na merda, não consegue entender, não consegue esquecer, não consegue decifrar, cansa,

pega as cifras e enche as AMs de músicas de amor. De desamor, no caso.

Falei também em sentença, né?

No sentido de frase.

No sentido literal.

Das letras e da gramática, mas que empregada a essa questão passa a ser imediatamente uma questão judiciária:

Sentença... de morte.

Morrer de amor.

Morrer sem amor.

Amor.

Morrer.

Remoer.

Reamar.

Amar é:

Fazer qualquer coisa diferente do que faz alguém que mente, esconde, trai, inventa e está feliz por aí, enquanto eu tô aqui fodido.

Isso.

Amar é: não provocar inveja.

Ciúme.

Inveja.

Ciúme.

Tínhamos uma enorme felicidade juntos. Agora você está feliz.

Inveja.

Tem outro amor? Outro pau? Outro cúmplice? Ciúme!

Inveja.

CiÚme.

Ódio.

Amor.

Matar de amor.

Quem ama não mata...

Crime passional?

Crime da paixão.
Paixão.

Doença mental perigosíssima.
As pessoas deveriam procurar psiquiatras e terapeutas no exato instante em que se apaixonassem por alguém...
Porque daí pra frente só vai fazer cagada com os outros, vai subverter qualquer ordem... e no final... quando a paixão acabar, ou virar amor — e parecer tedioso — novamente: matar ou morrer.

Tem gente que mata ao suspeitar que será assassinado.
E passa de vítima a culpado.
Posto mais nobre...
Nobre, não! Mais altivo, ou digno, do que aquele outro que ficou lá, caído no chão.
Papel este que achou que seria seu e desistiu.
Agiu.
Verbo.
Matar ou morrer?
Matou.

Se você sabe que, ao se apaixonar, você matará, morrerá ou ficará aprisionado, que não há escapatória. Então pra quê?
Também, qual o sentido da vida se não entrarmos nesse turbilhão?
Sim, é foda.
Porque o sujeito que foi "matado" por aquele que matou, por achar que ia ser morto, pode, pela perda... de tudo, inclusive do "eu" dele, se apaixonar perdidamente pelo assassino.
Pelo eu dela.

Que não confessa seu ato, mas sempre volta ao local do crime deixando muitas marcas que só o que está morto vê.

Porque respira a cada visita do algoz.

E se mantém aprisionado pelo golpe que levou, inesperado.

E parece louco às vistas dos outros que não o veem morto, mas o veem sem vida, pois está aprisionado a uma vida que tinha e sem que ninguém saiba vive tendo vez por outra.

A cada despedida, uma nova morte... e a cada encontro, uma vida.

E assim, nessa posição medonha, incômoda, ultrajante, humilhante, pedinte de amor, resolve dar o troco e acabar definitivamente com essa permissividade, com essa perversidade.

Sim, passa a ser agora, portanto, o agente de um novo movimento.

Agora ele passa a ser o assassino!

Uau!

Assassino... de toda e qualquer possibilidade de ter de volta aquele amor que só matou porque achou que iria ser morto... e, por isso, acredita que pode resgatá-lo limpo, ileso... e despedaçado. Já que viu, sozinho, que a história de amor que tinham juntos era irretocável — a não ser pela baixa autoestima do primeiro assassino, que achou que as verdades das histórias de amor são parecidas com as verdades das histórias policiais, acabou dando a largada nesse *serial killer* emocional.

Sendo assim, essa saída, a única possível (saída, preste atenção! Saída... ao contrário de entrada... porta de saída... ir embora... Não voltar, ir!)... na verdade passa a ser, de novo, uma estratégia pra tocar, pra provocar o outro, pra daí ver se ele se incomoda e revive o amante que matou... e que agora pode ser que esteja sendo por ele "matado".

Ou seja:
É matar ou morrer, mesmo.

Nesse caso (da saída que não se retira), a culpa é do tempo, esse Deus aí que a tudo cura, mas não consegue uma suspensão, ou um paralelo de planos onde os dois possam se ver na mesma fração de segundo, na situação que se encontram (sem se encontrar), e perceberem que ainda há um ponto de convergência entre eles... que é: o da comunhão.
O de comum acordo.
Um acordo.
Será que ninguém vê isso?
Comum acordo.
Acordo comum.
Comum.
Como em um.
Dois em um.
Será que é medíocre me apegar a essa possibilidade mágica?
Não seria a nossa vida MARAVILHOSA se pudéssemos ver beleza a cada átimo (acho que eu quero usar essa palavra aqui, sim!), e se possível juntos... e o mesmo ponto sendo observado? Juntos...

Retira a boneca do aquário. Fala com ela.

Pode ser que isso seja absolutamente controlador, mas se a vida é feita de sucessivas escolhas e eu continuo te escolhendo, porque você mesmo dizendo que não me quer, me faz crer que no fundo quer, sim... Então por que eu não posso desejar, caralho, que você olhe a mesma borboleta amarela que eu, no mesmo instante, e que o perfume da dama-da-noite invada nossas narinas ao mesmo tempo e isso provoque, forme ou cause, na sua mente e na minha, ao mesmo tempo, a mesma deliciosa sensação?

Para a plateia, ainda segurando a Barbie.

Desejar posso.
Mas pensa comigo: quantos mínimos detalhes têm que acontecer sincronizadamente pra que tudo saia a contento?
Meu.

Joga a boneca de volta no aquário.

Tempo.

Fé.
Fé cega, faca amolada.
Agora vamos falar de fé.
Já que estamos há tempos falando, no caso eu, das coisas em que acredito. Acredito.
Creio.
Crença.
Fé.
Cientistas tentam provar a existência de Deus.
Ou melhor: cientistas tentam provar que aquilo que chamamos de Deus é "x".
Ainda não provaram nada.
Esse é o "x" da questão.
Questão/matemática.
X vale quanto?
Qual é o valor do destino?
Qual é o preço de cada escolha?
Isso é o livre-arbítrio?
Umas escolhinhas dentro de um "planão"?

Eu sinto, eu sei, que "x" vai acontecer mas não posso provar...

Eu continuo acreditando em "x"?

E se for invenção minha para suplantar qualquer lacuna da minha existência que pareça mais... árida?

Não teria que atribuir isso a Deus?

Eu acredito em Deus.

Eu acredito em verdade absoluta.

Eu acredito em fatos e em versões de fatos, que no somatório chegam à resposta Dele.

Porém, diariamente estou me desdizendo e pensando em: vontade minha, vontade de Deus, escolha, livre-arbítrio, fé, desapego ou construção. Renascimento ou absoluta transformação?

Transformação: novo formato ao que já existe!

Transformação.

Transforme a ação.

Mude a forma.

A minha história sendo contada de outra maneira.

Revisitada.

Consertada?

Posso então acreditar que Adão e Eva conseguem voltar ao paraíso mesmo depois de perder a inocência?

Ou ao menos posso pensar que Adão e Eva podem escolher ficarem juntos, com memória do paraíso, a dor do desencontro e o encontro por opção mais tarde e não por falta de?

Se eu tenho que me empenhar na minha fé nos maiores momentos de tribulação, como apenas entrego e confio?

Como? Se tenho escolhas a fazer todos os dias?

Aceita é a palavra de ordem.

Todo mundo fala ACEITA...

O antídoto para os controladores ou descrentes de plantão. "ACEEEEEEEEEEEEEEEEEEEEEEEEITAAA...!"

Aceita é uma palavra que não me soa bem.
Parece engolir com areia.
Colocar azeite pra entrar mais fácil.
Curra conformada.
Não aceito, não.
Daí permito... e escolho o "agradeço" a cada experiência
que me transforma e aprendo.
Mas continuo querendo você!!!

Me arrumando melhor pra quando ela me encontrar po-
der achar que eu tô bem.
Me achar desejável, de novo... ou pensar que está me
perdendo.
Essa espiral me enlouquece porque de certa forma eu
estou brincando de ser Deus, querendo controlar o meu
destino, fazendo "x" coisa que faça você sentir de "x"
maneira.
Impossível.
Mas eu não deixo de querer. Eu não deixo de tentar.
Eu não deixo.
Eu não te deixo.

Então recorro aos orientais, que dizem que se você quer
muito uma coisa tem que desistir dela, de verdade.
Não consigo.
Não tenho essa sabedoria.
Meu olho é maior que a barriga.
Tenho muita vontade e não tenho vontade de deixar de
ter. Confesso.

Os espíritas dizem que é um aprendizado.
Sim, claro.
Tudo é um aprendizado.
Viver é um aprendizado.
E dessa história já aprendi tanto, que posso escrever

uns trinta *best sellers* de autoajuda amorosa, mas não o fiz porque ainda não posso dedicar meu livro à linda Ammy e às nossas queridas crianças.
Dizem também que é coisa de vidas passadas...
Ufa!
A culpa então não é minha... e essa filha da puta que está me fazendo sofrer tanto vai se foder na próxima.
Alivia esse negócio de carma, viu?
É a justiça divina a longo prazo.
É, eu tô me fodendo agora porque lá em 1347, na Croácia, eu fui infiel e fiz minha mulher sofrer bastante.
Eu tinha problemas com bebida.
Agora tenho problemas nas noites em que não bebo.

Os evangélicos falam que o demônio vem pra roubar, matar e destruir.
Daí eu penso: ele está nela, que foi embora e tá "feliz"?
Ou ficou grudado em mim que tento restaurar (eles adoram essa palavra, tenho visto muita TV de madrugada) uma história de amor que foi linda e acabou, mas eu não me conformo, já que ela me dá umas pistas mínimas e eu me ponho a orar pra que Deus a salve e, portanto, me salve também?
Por que eu tenho fé?

Fé ou teimosia?
E Jó?
E a paciência?
Não devo usar como exemplo? Então! Jó!
Usar exemplos como exemplos.
Não foi assim que combinamos?
Ou, pelo menos, foi assim que eu entendi a vida.
Ah! E a tribulação que devo enfrentar com a minha fé porque "Deus quer ver a família unida"?!?!
Hein?

E as provas de que devo ter pra desistir ou prosseguir? Quando as respostas que tenho são o inverso de minhas positivas expectativas: são respostas que eu tenho pra desistir ou são tribulações para testar a minha fé? Entrega, aceita, confia, acredita, deseja, recebe, reza... todos são verbos e o sujeito que tem que conjugar sou eu. Mas quem decide é Ele.
Confuso.

A questão talvez seja do orgulho ferido, do grande estrategista que não consegue vencer uma partida de War porque não está com sorte nos dados... então convida repetidamente os mesmos parceiros de tabuleiro pra novas partidas e sempre perde, porque os dados não andam bem (!)... andam viciados.
Ninguém quer perder. Nem ela quer me perder. Né?

Mas eu quero ela.
Por que perdi?
Meu tesão absurdo é por que perdi?
Como eu faço então pra ela me perder, porra? E se me perder mesmo?
Eu não conseguir ganhá-la?
E se ela me perder e achar ótimo?
Ela não me merece! Eu não me mereço. Eu não mereço.
Nunca pensei que meu silêncio fosse tão revelador.
Nunca pensei...?
Pensei, sim.
Tudo de caso pensado.
O tempo todo pensado.
Pesado.
Cansado.
Exausto.

Não há mais por onde ver beleza nessa história.
Eu já me contaminei e contaminei todos a minha volta.
Tenho que seguir em frente e desistir!
Opa, daí, quem sabe, ela vai me querer? Puta que pariu!

Longo silêncio.

A verdade é que a saudade esmaga. Desmorona.
Aí eu penso: saudade do quê?
Dos bons momentos?
Do casal iluminado?
Da casa cheia?
Da rotina comercial de margarina?
Da sua presença?
Isso não, você não desgruda de mim!
Não dá trégua a cada memória que essa casa revela, em todas as lembranças de todos os lugares que fomos juntos nas nossas primeiras vezes, no amarelo do seu olho estampado no olho da nossa filha. Concluo ser uma espécie de obsessão, típica de quem foi descartado a seco.
Trauma?
Sempre fui louco por você. Sem você, louco.
O orgulho do macho ferido. Ego.
A dor de permanecer, pra você, como uma hipótese, revela uma questão física.
Uma questão não física, melhor.
Pior, no caso.
A tal falta de contato.
Com tato.
De todas as mulheres que eu tive depois de você, nenhuma tinha na boca o seu gosto.
O gosto da sua boca, que, com tesão, tinha o mesmo gosto da sua boceta. Saudade de sentir com os meus

dedos seus cabelos loiros espalhados por toda a cama, enrolados nos meus pelos, dentro da minha cueca, nas minhas roupas ou no carro.

Saudade de ouvir suas raras declarações de amor que, portanto, pareciam arrebatamentos!

Com seu timbre de voz suave e entonação ríspida.

Seu perfume doce, seu suor, seu cheiro forte quando fazia com que eu me sentisse o mais viril dos homens.

Seu gozo fácil na minha boca.

Meus dedos dentro de você

Nosso gozo quase sempre juntos.

Seu peito que não cai, seu jeito de bicho,

sua bunda,

suas garras.

De tantos sentidos, fiquei eu sem nenhum.

Acho que esse vício de te decifrar, esfinge, vem de longe.

Seu assustador silêncio.

Seu silêncio que eu sempre quis preencher.

E que agora, como não posso mais, tento entender.

Era real.

Agora, sem sentido.

O que me resta é armar meu herói romântico pra te reconquistar.

Acreditar no mito de Orfeu, ou me descobrir um Dom Quixote.

Um Bentinho.

Capitu dos Infernos!

Socorro!

Tenho vontade de embarcar pra Polônia! O único problema é que eu estarei junto. Minha cabeça estará junto de mim.

E você dentro dela.

Longa pausa.

Esses dias ela me enviou um e-mail escrito assim:

Procura no amontoado de papéis espalhados pelo cenário.

"Oi..."
Parará parará...

"acho melhor escrever que falar. Não sou tão boa quanto você com as palavras..."
Parará parará parará
...

Ah! Aqui:

"Você me acusa, todos me acusam.
E tento fugir, de todas as maneiras, de qualquer culpa que possam a mim ser impingidas.
Eu não sei explicar. Só sei que foi assim.
ACONTECEU.
E todo mundo quer saber o porquê!
Pra quê?!
Meu analista (!) quer saber o porquê e não consegue definir.
Quer que EU ache o porquê!
Eu não sei, na verdade.
Todos os dias troco de porquês.
Desde os mais banais, como raiva, falta de cuidado, rompante, impulso, divergências, juventude, saco cheio...
E penso:
Saco cheio de quê? Né?
Nunca houve um conflito real, é verdade.
Não quis, porque não quis.

Desisti.

Sim, nossa relação parecia perfeita.

Sexo bom, gozo, orgasmos,

(claro que a frequência baixou depois de tantos anos. Do sexo, não dos orgasmos... você bem conhece a minha facilidade, né? Amém! rs) gargalhadas, parceria...

Mas não era ruim, não.

Ninguém roncava.

A gente não brigava... muito.

Não tivemos problemas de dinheiro, nem interferência das famílias. Nada.

Te admirava, te admiro ainda. Acho...

Mas não queria mais.

Acontece.

Isso é um tédio. O não querer mais, assim.

E toda hora, há tanto tempo, me pedem explicação?!

Não tem.

Você quer saber a hora que acabou?

Não sei.

Não houve gota d'água.

Só sei que um dia, lendo num jornal de domingo, uma coluna sobre alimentação, fui invadida pela ideia de que tinha acabado.

Que um ciclo havia se cumprido.

Que eu não queria mais, mesmo.

Nada daquilo, nem um cinzeiro.

Nada.

De repente, senti dentro de mim que eu tinha me transformado. Num estalo. Eu era a mesma pessoa, mas não estava querendo mais nada do que queria antes.

Foi uma injeção de ânimo pra mim!

Um mundo de possibilidades.

Não que fosse ruim, e confesso que você até hoje me faz falta.

Mas foi tão bom...

Desculpa, mas foi bom conseguir.

Se fosse você que tivesse conseguido, saberia que há até um pouco de orgulho da coragem, da hora de romper.
A melhor coisa que pude fazer por mim foi aniquilar, definitivamente, aquela sensação de "pra sempre", que antes me aliviava.
Hoje tenho uma nostalgia de ter tido você, durante tanto tempo e de forma tão boa.
Mas... eu não quis mais.
Não quero.
Queria querer.
Quero querer, mas não consigo.
Não tenho mágoa nem saudade.
Não sinto nada.
Desculpa."

Parará...
Parará...

"beijos,

SUA".

Tem mais...

"P.S.: sempre tive inveja de você, mas não admito nem mesmo pra mim."

O que você que está me lendo/vendo/ouvindo acha?

Mentira?
Tudo mentira!

Nem uma linha é verdade.
Nenhuma.

Fui eu quem escreveu tentando fazer o papel dela, pra ver se entendia.
Piorou.

Será que essa espécie de tara pelo "entender" é pra ver se paro de sentir o que não dá mais pra sentir?
O que não faz sentido?
Música.
Escrevi muitas cartas, e-mails, mandei flores e presentes.
Sem nenhuma resposta.
Outra mentira.
Algumas mensagens, especialmente as enviadas nas madrugadas, ou próximas às datas significativas, tiveram respostas bem saborosas.
Duras, dúbias e enigmáticas.
Com uma pobre poesia que, confesso, me alimentavam até a próxima resposta chegar.

Quanto a mim, tudo o que tento escrever soa melancólico, raso.
Independentemente se desabafo, mal traçadas linhas, tentativa poética, letra de música ou "querido diário".
Não gosto.
Lixo.
Os meus dias têm sido tão difíceis e cansativos.
Com essas questões todas e os pedacinhos delas que acabei de "levantar".
Elas, tão pesadas, difíceis e amargas há tempos.
Tempo.
Diariamente.

Mente.

Agora que eu escrevi/falei/li achei tão bobo... Tão pequeno...

Talvez assim meu sofrimento vá definitivamente embora. Apesar... A pesar.

Tomara que a minha ansiedade desapareça, já que não espero mais resultados, notícias e telefones que toquem.

Mentira. Só estou tentando me convencer disso.

Nada significa nada.

Às vezes esse mistério que vem dela, de forma tão encantadora, pode ser apenas uma linda embalagem sem nenhum presente dentro.

Oco.

Nenhuma notícia é uma bomba definitiva porque dou sempre um jeito de florear a história de forma que sobre a ponta do fio que foi perdido.

Nada pode doer mais do que já doeu.

Talvez eu deixe de querer que ela sofra, mesmo achando que merece, porque não foi verdadeira comigo, e sim com ela.

Somente com ela. O Nós virou Eu, dela, de repente.

Talvez com o fim do meu sofrimento tudo vá entrando em seus devidos lugares e proporções.

Mas eu continuarei amando essa mulher, porque... amo.

Porque quero.

Porque escolho.

Por enquanto.
Pra sempre,
Ou nunca mais?

Nunca mais.

Tomara que sem dor.
Tomara que tudo isso seja tão ridículo quanto me sinto
agora. Quando me desnudo na frente de vocês.
Com vergonha, sim, mas inteiro.

Eu acredito na verdade, na autodesmoralização... e em
todo tipo dessas "coragens" absolutamente piegas...
mas que às vezes... fazem o maior sentido!

Cá estou eu, novamente, sentado à frente de uma tela
de um computador, com os dedos digitando rápido,
frenéticos. Com uma mente exausta e antes frenética
a respeito de ti, de mim, de onde, como, por que e o
que será?
De mim.
De ti.
De onde?
Como?
Por quê?
E o que será de ti?
De mim?
De onde?
Como?
Por quê?
E o que será?
De ti?
De mim/
Me esforço tremendamente, agora, pra desatar os nós.

O meu nó.
O que eu não deixo escapar.
Talvez pra ouvir um pedido de perdão.
Pra que tudo se explique e se ilumine.
Uma tentativa maniqueísta de achar um final feliz.
E como seria prosseguir neste final?
Será que a continuidade seria feliz?
Quem garante?
Não te conheço mais.
Te vejo triste, dura, seca, má.
Ambígua. Sempre.

Será que sempre foi?

Te vejo gargalhando em fotografias na rede.
Rede.
Nó.
Será que eu sempre escolhi só olhar um lado de você?
O que me fazia feliz?
E será que é por esse que eu luto e tento conquistar?
Ou será que tento desesperadamente matar a sua outra
face, a que me dói,
onde te conserto (!)?
Deus.
Pai.
Quero ser o seu Deus? Isso é um exercício herege.
Quero ser o seu pai.
Não quero, de jeito nenhum, ser o seu pai!!!
Quero ser seu homem, e não me comporto como tal.
Você matou o meu homem.
Um monte de mulheres ainda o enxergam e eu me per-
gunto: Quê? De quem vocês estão falando?
Acabo sendo com elas a mesma pessoa ambígua que
tanto detesto em ti, e de quem eu tanto não quero pra
mim... e funciona! Elas ficam loucas!!!
Eu fiquei por você. Eu sou/fui por você.

Mas com você eu só consigo ser o "eu" de verdade,
que eu queria ser pras outras e que não te interessa.
Um dia vai interessar a alguém.

Você (que eu amo) não existe mais, morreu.
Esse luto me dói agora.
Só agora percebi.
E não sofrerei mais, porque nenhum outro homem terá
acesso a ela. A esta.
À que morreu.
E deixou muitas lembranças...
Acho que, se eu te conhecesse hoje, não me apaixo-
naria por você.

É bom ficar longe, porque quando você demora ao meu
lado, você mesmo ressuscita esta que me interessa, e
eu me apaixono.
Você vai embora... e, de novo, ela não existe mais.
Morre.
E eu... luto.
Lutava.
Agora luto.
Fechado.
Fim.

Enfim, entendi.

FIM

Carta do diretor

Esse *Silêncio* começou a fazer barulho na minha vida há mais de dez anos. E agora, depois de tanta vida que passou nas nossas vidas, voltou no volume máximo, que torna impossível não se deixar levar por ele. Ao mesmo tempo, chegou como aquele som não muito alto, mas intermitente, como uma obra no outro lado da rua que nos impede de focar em qualquer coisa, tirando a concentração de quem o está ouvindo. Foi assim. Desde a primeira vez que eu li esse texto me senti fazendo parte dele. Na época era por pura identificação, afinal as histórias de amor (e desamor) são quase todas muito parecidas, e as minhas não ficariam fora dessa estatística. Nas minhas histórias eu também acabava inundado de dúvidas, buscando respostas que aliviassem aquela angústia incessante. E sabendo que esse texto não era exatamente autobiográfico, eu imaginava que tinha pedaços meus ali, de verdade...

Mas não tive tempo de descobrir junto com esse autor quais seriam essas respostas. A vida deu uma flechada repentina que jogou cada um para um lado. Eu segui, espiando o Marcelo sem que ele me visse. Uma noite, dez anos depois daquela flecha, o meu telefone tocou, e era ele. Eu mudo. Ele dizia que tinha encontrado o budismo e que queria desatar uns nós. Me chamou para tomar um chá. Foi demais para mim! Respondi que quem tinha virado budista era ele, que eu só iria se fosse para tomar um chope. Ele riu e topou. Dez anos tinham se passado e nós ainda éramos muito parecidos com aqueles caras de antes. Do primeiro gole (não era chá...) até eu sugerir a montagem desta peça, foram poucos minutos. Eu queria dirigir. E queria que ele atuasse. Ele disse que não faria, e eu pedia que ele fizesse. Ele me empurrou trezentos atores, e eu insistia que fosse ele...

Até que aconteceu uma leitura desse texto. Eu dirigi e, sim, ele leu! Saímos de lá com a certeza de que tínhamos que montar. Dois meses depois a gente estreava, sabe Deus como. Deus e eu! Foi assim: a gente juntou uma equipe incrível de amigos talentosos e pronto! Pronto, nada! Até ficar pronto mesmo foi um parto complicadíssimo. Cada dia de ensaio era um desafio. Eu e ele ali, nos reconhecendo, no melhor sentido dessa palavra. Descobrindo ou redescobrindo essa nova velha amizade. Foi um processo intenso. Às vezes penso que durou 15 minutos, de tão deliciosa essa construção. Às vezes penso que durou anos de tanto que eu aprendi ali naquela sala de ensaio...

Foi um processo doído que mexia em velhas feridas, e ao mesmo tempo fortemente curativo, como se o Marcelo chegasse todo dia carregando um *band-aid* gigante e um Merthiolate litro (daquele que não arde).

E eu curei. Curei a minha relação com esse meu amigo, meu irmão, meu parceiro. Curei a minha relação com outros amigos que estavam lá naquele dia da flechada. Curei a minha relação com vários dos meus ex-amores. Curei até a minha relação comigo mesmo (estávamos fazia um tempo estremecidos...). Foi lindo!

Tantos anos depois e estando tão afastados, esse cara chega e sabe exatamente o que eu precisava ver, e ele tinha para me mostrar. Por isso que ele é grande em tudo. Ele é grande atuando, escrevendo, dirigindo e sendo amigo. Dentre todas as infinitas coisas que o Marcelo me ensinou, duas são fundamentais na minha vida: ele me ensinou a rir de mim mesmo (embora eu ria mais dele) e também me ensinou que o afeto é a arma mais poderosa, o cobertor mais quente e o remédio mais potente. Para tudo! Tomara que o nosso *Silêncio* continue reverberando e tirando o sono de muita gente.

Marcio Macena

© Editora de Livros Cobogó, 2018

Editora-chefe
Isabel Diegues

Editora
Fernanda Paraguassu

Gerente de produção
Melina Bial

Revisão final
Eduardo Carneiro

Projeto gráfico e diagramação
Mari Taboada

Capa
Carolina Paredes

CIP-BRASIL. CATALOGAÇÃO-NA-FONTE
SINDICATO NACIONAL DOS EDITORES DE LIVROS, RJ

Varzea, Marcelo, 1967-

V443s   Silêncio.doc / Marcelo Varzea. – 1. ed. –Rio de Janeiro: Cobogó, 2018.

64 p. ; 19 cm. (Dramaturgia)

ISBN 978-85-5591-068-5

1. Teatro brasileiro (Literatura). I. Título. II. Série.

| 18-52931 | CDD: 869.2 |
| | CDU: 82-2(81) |

Vanessa Mafra Xavier Salgado- Bibliotecária- CRB-7/6644

Nesta edição, foi respeitado o Acordo Ortográfico da Língua Portuguesa de 1990, que entrou em vigor no Brasil em 2009.

Todos os direitos em língua portuguesa reservados à
Editora de Livros Cobogó Ltda.
Rua Jardim Botânico, 635/406
Rio de Janeiro — RJ — 22470-050
www.cobogo.com.br

Outros títulos desta coleção:

ALGUÉM ACABA DE MORRER LÁ FORA, de Jô Bilac

NINGUÉM FALOU QUE SERIA FÁCIL, de Felipe Rocha

TRABALHOS DE AMORES QUASE PERDIDOS, de Pedro Brício

NEM UM DIA SE PASSA SEM NOTÍCIAS SUAS, de Daniela Pereira de Carvalho

OS ESTONIANOS, de Julia Spadaccini

PONTO DE FUGA, de Rodrigo Nogueira

POR ELISE, de Grace Passô

MARCHA PARA ZENTURO, de Grace Passô

AMORES SURDOS, de Grace Passô

CONGRESSO INTERNACIONAL DO MEDO, de Grace Passô

IN ON IT | A PRIMEIRA VISTA, de Daniel MacIvor

INCÊNDIOS, de Wajdi Mouawad

CINE MONSTRO, de Daniel MacIvor

CONSELHO DE CLASSE, de Jô Bilac

CARA DE CAVALO, de Pedro Kosovski

GARRAS CURVAS E UM CANTO SEDUTOR, de Daniele Avila Small

OS MAMUTES, de Jô Bilac

INFÂNCIA, TIROS E PLUMAS, de Jô Bilac

NEM MESMO TODO O OCEANO, adaptação de Inez Viana do romance de Alcione Araújo

NÔMADES, de Marcio Abreu e Patrick Pessoa

CARANGUEJO OVERDRIVE, de Pedro Kosovski

BR-TRANS, de Silvero Pereira

KRUM, de Hanoch Levin

MARÉ/PROJETO bRASIL, de Marcio Abreu

AS PALAVRAS E AS COISAS, de Pedro Brício

MATA TEU PAI, de Grace Passô

ĀRRĀ, de Vinicius Calderoni

JANIS, de Diogo Liberano

NÃO NEM NADA, de Vinicius Calderoni

CHORUME, de Vinicius Calderoni

GUANABARA CANIBAL, de Pedro Kosovski

TOM NA FAZENDA, de Michel Marc Bouchard

OS ARQUEÓLOGOS, de Vinicius Calderoni

ESCUTA!, de Francisco Ohana

ROSE, de Cecilia Ripoll

O ENIGMA DO BOM DIA, de Olga Almeida

A ÚLTIMA PEÇA, de Inez Viana

BURAQUINHOS OU O VENTO É INIMIGO DO PICUMÃ,
de Jhonny Salaberg

PASSARINHO, de Ana Kutner

INSETOS, de Jô Bilac

A TROPA, de Gustavo Pinheiro

A GARAGEM, de Felipe Haiut

A PAZ PERPÉTUA, de Juan Mayorga
Tradução Aderbal Freire-Filho

APRÈS MOI, LE DÉLUGE (DEPOIS DE MIM, O DILÚVIO),
de Lluïsa Cunillé
Tradução Marcio Meirelles

ATRA BÍLIS, de Laila Ripoll
Tradução Hugo Rodas

CACHORRO MORTO NA LAVANDERIA: OS FORTES, de Angélica Liddell
Tradução Beatriz Sayad

DENTRO DA TERRA, de José Manuel Mora
Tradução Roberto Alvim

MÜNCHAUSEN, de Lucía Vilanova
Tradução Pedro Brício

NN12, de Gracia Morales
Tradução Gilberto Gawronski

O PRINCÍPIO DE ARQUIMEDES, de Josep Maria Miró i Coromina
Tradução Luís Artur Nunes

OS CORPOS PERDIDOS, de José Manuel Mora
Tradução Cibele Forjaz

CLIFF (PRECIPÍCIO), de Alberto Conejero López
Tradução Fernando Yamamoto

2018

1ª impressão

Este livro foi composto em Univers.
Impresso pelo Grupo SmartPrinter
sobre papel Bold LD 70g/m².